JN438569

고통이 익어야

이경우 시집

도서출판 천우

이 경 우 시인 · 수필가

종합문예지 월간 『문학세계』 시 부문과 수필 부문 등단하였으며, 한국문인협회 · 부산문인협회 · 문학세계문인회 정회원이다. 문학세계문학상 시 부문 본상을 수상하였다. 동아대학교 대학원에서 경영학 박사학위를 취득하였으며, 영남대학교 대학원 박사과정에서 심리학을 전공하였다. 동아대학교에서 겸임교수로 활동하였으며, 경영컨설턴트 · ISO 인증 심사원 자격을 취득하였다. 금정산 자락에서 산촌 생활을 하면서 존재의 참의미를 자연에서 깨달아가고 있다.

• **저서**

시집 『고통이 익어야』 『동행』 『성찰』

시 · 수필집 『마음으로 보는 것들』 외 다수

● 시인의 말

나는 자연에서 얻는 깨달음이 좋다.
자연의 일부로서 자연의 지혜를 통해
세상사의 모든 것을 이해하려고 한다.

만물은 보이지 않은 끈線으로
연결되어 있는 것 같다.
끈은 점 하나에서 시작되고
연결은 곧 역동적인 에너지이며 인연이다.

연결과 연결의 경계에서 잠시 멈추면
인연이 소중하다는 것을 새롭게 느낀다.
다시 하나의 점에서
새로운 탄생이 시작하는 것처럼.

김 천 우

시인, 문학평론가, (사)세계문인협회 이사장

자연시와 밀접한 시인의 시집 『고통이 익어야』 상재는 감성과 시적 화자의 맑고 청아한 영혼의 향기를 펴 올리며 산문(山門)의 숲에서 만나는 풍경소리처럼 단아하고 순백한 울림을 주고 있다. 시편마다 내공의 힘과 에너지가 예사롭지 않은 단상과 성찰의 시세계에서 시인의 진면목을 만나고 보니 세속의 각(覺)을 깨고 영접하는 기분마저 든다. 가볍고 얕은 슬픔은 말이 많고 시끄럽고, 크고 깊은 슬픔은 차마 한마디 말조차 할 수 없다고 하지 않았는가! 시인이 내포하고자 하는 화두 "고통이 익어야"는 기막힌 주제라고 생각한다.

달콤새큼한 말과 언어는 맛으로 만족하고 깊고 넓은 언어의 연금술은 슬픔과 고뇌, 아픔과 고독의 절규가 익을수록 감칠맛 나는 시가 되고 연민과 사랑의 정원에서 잘 익은 열매를 수확할 수 있을 것이다.

비우고 내려놓고 다시 내 안의 나를 찾아가는 여행지가 바로, 시인의 안거(安居) 즉 자연과 더불어

광활한 우주의 진리를 조각하는 것이 아닌가 생각해 본다. 몇 년을 코로나 팬데믹으로 숨 가쁜 현실과 부딪힌 사람들을 바라볼 때 가슴이 먹먹할 때가 많았다. 그 누구도 대신 살아주지 않는, 단 한 번뿐인 우리네 인생 좀 더 진취적이고 희망적인 삶을 영위한다면 더 바랄 것이 없다는 시인의 바람은 시편들 속에 고스란히 담겨 있다.

시집『성찰』의 초연하고 숙연함, 시집『동행』의 저편에서 바라보는 관철된 삶의 과정은 때때로 힘들고 시련이 따르지만 지혜롭게 극복하는 마음자리 속 시인의 시집『고통이 익어야』이 한 권의 시집은 만인들에게 꿈과 희망을 심어주는 필독서가 될 것이라 생각한다. 이경우 시인의 낭만가객(浪漫歌客)의 길에서 도(道)와 행(行)을 연마하는 훌륭한 수도자 같은 정신세계와 청빈함, 이 한 권의 작품집에서 영혼의 울림과 메타포(metaphor) 시 정신을 노래하는 모습을 만날 수 있을 것이다.

마음의 안락함을 심어주는 초자연적인 사랑의 앤솔로지(Anthology) 명시선은 구원의 시편에서 모두가 행복하기를 기원하며 진심으로 출간을 축하하는 바이다.

제1부

고통이 익어야

제2부

사명으로 걷는

제3부

은빛 물고기를 꿈꾸며

제4부

무한의 약속

제1부

고통이 익어야

일어나라

무엇이 누르고 지나갔나
햇볕으로 일어나는
허리 꺾인 민들레

저절로 엮은 인연의 끈
세속의 감정인데
팽팽하다 느슨하다
쳐다보면 꼬이고 꺾이네

후회 말고 일어나라
태양을 바라보라

햇볕은 좋아한다
허리 꺾인 민들레를

동백꽃

애타는 사랑 이파리 제치고
한파를 녹이는 향기 품으며
동백꽃 홀로 자신을 열었다

인고의 세월을 견디고 견뎌
그립고 그리운 찡한 마음이
엄동 냉기를 삭혀 붉디붉다

인연

대숲을 떠나기 아쉬워
왕대에 버티는 갈바람
사명을 잊었나 지쳤나

보내기 아쉬운 인연에
몸으로 감싸는 대나무
댓잎은 돛폭을 만들고

고통이 익어야

무가 바람 들었다
언 땅 냉기에

땅 힘으로 하얀 속살 꼭꼭 채웠었는데
헛바람이 슬금슬금 밀쳐내다

물컹대는 허리가 시릴 터

긴 세월 애쓰며 채운 나이테가
가벼워지는 것은 한나절이다

뭉크의 절규처럼 일그러뜨린 얼굴은
무가 거부하고픈 초상肖像이다

푹 고았다 보약이다
고통이 익어야 보이는 성숙이네

적송赤松

가상하다 솔 씨 한 알의 기적

기개로 하늘 뚫어 얻은 생명
높고 기괴한 바위 틈 사이에
홀로 우뚝 선 신비로운 적송

쉽게 얻을 터전이 아닌데
갈증 돋는 악산에 날아와
붉은 빛깔 열정을 심었다

뿌리에 전념해도 힘겨울 텐데
하면 된다 세상풍파가 뭣이냐
열정으로 하늘 치켜드는 끈기

내려놓음

산골 집 보듬는 칠십 년 고목
이리저리 잘라 근본이 없네

그 버릇에 앞산 쳐다보기 수월하라고
고개 쳐드는 가지마다 키를 낮추었다

얼굴 들고 먼 산에 눈길 주면 될 터인데
자연을 재단하며 자연에서 사는 어리석음

삼라만상 간섭하지 않아야 자연스럽다

헤집어서 무슨 형상인지 어설프다 근데
어디서 많이 본 듯 친근하다 아! 나였네

젊을 시절에 하는 것이 있고
늙은 시절에 하는 것이 있는데
젊을 땐 늙음을 한물갔다 하고

늙어서 젊음을 미숙하다 재단하네
젊은 기개가 늙어서도 있다 착각하고
늙어 청춘에 머무는 어리석음

한 자리에서 무엇을 보려는가
이렇게도 보고 저렇게도 보면
시절마다 보이는 연륜인 것을

지나고 보면 어떤가
가진 듯 놓치고 놓친 듯 곁에 있다
무엇을 어떻게 하는지 중요하겠지
무엇을 어떻게 보는 것도 중요하네

존재이유

나무는 나무로서 너는 너대로 존재하는 본질이
있다
왜 너의 의도대로 가지치기하고 나무의 존재를
결정하는가

나무의 본성을 너의 느낌과 감정으로 조정하는가
어찌하여 생사 이유와 결과를 재단하는가
나무는 너를 간섭하지 않는데

나뭇잎들은 일 년을 통해 자신의 색상을 드러내고
우주의 입김과 에너지로 또 다른 생을 약속한다

착각하지 마라 보이는 형상에 멈춰있지 마라
자연이 위대함은 인내와 침묵이다

나무는 순간이나 한 날을 통해 성급히 속내를 드
러내지 않는다

나무는 침묵을 배워 태어나고 침묵으로 우주에
에너지를 뿌린다

나무처럼 혼자 있어도 바람 공기 구름 햇빛이 찾
아드는 사람이라면
새가 노래하고 뭇짐승들 쉼터로 자처하는 나무의
본성과 닮았으리라
나무 한 그루에도 초월자의 암시가 보이는가

연약할지라도

흙에 뿌리로 이웃한 잡초와 흙에서 숨 쉬는 민초는
인연으로 이어가는 삶이 닮았다

흙을 내려다보는 큰 나무가 잡초의 영역을 앗아
가고 하늘 향한 출세로 그늘이 넓어졌다
위에는 큰 바람이요 아래는 홀로 서늘하니 제 잘
난 것뿐이네

흙으로 잎 피어 뿌리로 연결하는 잡초는
흙과 맺은 인연으로 꽃 피우고 씨 뿌려
보시하지만 열매까지 원치 않는 무소유다
영양을 갈급하지 않아도 끈기와 인연이 생명이구나

큰 나무는 자연과 자신을 욕심으로 연결하여
허망의 세계에 머물러 이웃이 드물다
큰 나무여! 너도 인연으로 살면서
제 홀로 만든 완성이라 자부하지 마라

비바람에 꺾여보라 뭐가 되는가
큰 나무여! 너는 왜 모르는가
너의 출발은 애초부터 흙내 나는 따뜻한 잡초 틈
새 아니었나

잡초가 사는 땅은 싸늘한 겨울일지라도 바싹 마
른 몸들이 얽고 얽히어 따뜻하다

덫

외줄을 타며 곡예하는 거미는 수없이 줄을 걸치며 덫을 만들어 자기 세상을 만든다 유혹으로

흥겨이 거미는 노래하고 몸부림치는 불청객 매미는 오랏줄에 줄줄이 감긴다
희미해지는 정신에도 매미가 파닥거려 줄 터지는 소리에 거미도 일순간 혼쭐이 얼어버렸다

심술에 손가락으로 거미를 튕기니 땅에 떨어져 죽은 척한다 덫이 올가미가 되어 스스로 선택한 길이다
하필 내가 다니는 길목에 덫을 놨었다 줄을 거두니 매미는 쾌재를 부르고 심술꾼에 덫은 허망이 되었다

다시 대롱대롱 높은 곳을 향하여 외줄에 희망을 만들고 생업을 이어가는 거미

덫 하나 만들기 위해 뱉어내는 수많은 시간 행동
노력들은 일상으로 거품이 되고 그렇게 여름이
지나갔다 덫이 환호로 환호가 덫으로 반복되는
먹이사슬이 세상을 만들고 지운다 운명처럼.

있어야할 만큼만

금정산 꼬불 길은 차량과 사람 차량과 낭떠러지 경계境界로 노란 바탕 하얀 가로선의 안전블록이 있다
색이 바래지고 어설픈 운전이 긁고 간 세월의 흔적이 연륜으로 든든하고 묵직하다 비바람에 초연히 뿌리 내린 초목과 어우러져 산길 분위기에 자연스럽다

며칠 전부터 안전블록을 새로이 단장한답시고 진노랗게 덧칠하고 있다 과연 이게 더 아름다운가 안전에 더 보탬이 되는가 궁금하다 분명 머지않아 안전블록은 다시 자연 감정에 동화되거늘 어찌할까 벌써 새로운 덧칠이 아른거린다

우리는 세계가 부러워하는 부자라고 하지만 산길 안전블록에 열심히 페인트 덧대는 일이 뭣이 중요한가

이미 안전한데 말이다 지나치게 분칠할 돈이 없을 만큼만 잘 살았으면 좋겠다 있어야 할 만큼 있으면 좋겠다

상점에서 파는 물품 고급일수록 포장은 겹겹이 요란하고 더 사치스럽다 풀어헤치면 뒤처리로 골치다 재활용한답시고 내다버릴 돈이 없을 만큼만 잘 살았으면 좋겠다 있어야 할 만큼 있으면 좋겠다

닳지도 않은 멀쩡한 도로 보도블록을 헤집고 뒤집는 모습은 연말 즈음 나타나는 현상이라고 사람들은 수군덕댄다 멍청한 돈이 없을 만큼만 잘 살았으면 좋겠다 있어야 할 만큼 있으면 좋겠다

지역마다 만드는 지역끼리 겹치는 축제에 온 나라가 경쟁이다 허세부릴 행정으로 쓸 돈이 없을 만큼만 잘 살았으면 좋겠다 있어야 할 만큼 있으

면 좋겠다

교차로 현수막에 미소 짓는 얼굴사진 마치 지 돈으로 큰 일 했노라 자랑이다 끼어들기 전문이다 혈세일 터인데 덕분에 잘하니 고맙다 인사는 어디로 갔나 헛자랑할 돈이 없을 만큼만 잘 살았으면 좋겠다 있어야 할 만큼 있으면 좋겠다

유럽 어느 도시 백 년 넘은 엘리베이터 삐걱대는 호텔이 명소라 한다 예스러움을 전통으로 간직하고 이어가는 정신이다 엘리베이터가 없어 목조계단을 당연히 여기는 고풍스런 호텔도 있다
부럽다 우리는 신축이다 리모델링이다 불편하다 함부로 부수는데 지나치게 새것으로 바꾸는 돈이 없을 만큼만 잘 살았으면 좋겠다 있어야 할 만큼 있으면 좋겠다

금정산 초목들은 있어야 할 만큼에 만족하여 저절로 숲이 되었다 사람들은 그 숲을 반기며 즐길 만큼만 즐거이 찾는다

수국꽃

고통을 겪어 진정 살아남은 생명은 스스로 신음을 되풀이 않는다

수국이 수분을 멀리하여 얼굴색이 바뀌었다 찬 겨울에 말랐다 한물갔다 업신여김으로 외면 받는다
자세히 들여다보라 화려함에 연연하지 않고 꼿꼿이 당당하다

수국꽃에 눈 맞추며 긴 세월 견뎌온 아름다운 흔적을 짐작할수록 내가 신음하며 주절댄다

눈앞에 익숙한 화려함을 찾는 사람들은 본래의 존재와 색을 외면하고
꽃이 늙어 시들었다 겉모습 경시하며 무심히 지나친다

행여 꺾어질듯 겨울바람에 휘청이는 바싹한 수국
꽃에 잠시 눈길이 멈춘다면
그대는 자신의 일생이 어디쯤에 있나 한번은 돌
이켜보는 사람이 아닐까

까치밥

초겨울 마지막 남은 홍시 하나 바람소문 탔나
까치가 심심甚深한 마음으로 부리를 문댄다
건드리면 부러지는 메마른 가지에 발개서 뜯긴
감이 그믐달이다

누구를 기다리나 언제 떨어지나 애처롭다
기다린다는 것은 인연이 만든 그리움이다
비록 감꼭지로 남길 흔적 뻔하면서도

세상이치는 돌고 돌면 보름달도 되는데

바랄 수 없어 멈춰버린 것들이 너무 많다

가끔은 들리는 대로

빗소리에 잠이 깼다 풀잎 나뭇잎에 떨어지는 빗방울소리가 너무 좋다 소나기도 이슬비도 아닌 적당한 초여름 두드림이다
이 소리는 세속世俗이 아니다 풀잎을 간질이는 소리 배롱나뭇잎 소리 감나뭇잎 두드리는 소리 제각각 다르다 굳이 구분하랴 천연天然의 합주다

감정이 이끄는 대로 즐기는 빗소리는 리듬 따라 화음으로 흩어지며 맑은 바람을 부르고 바람의 지휘로 다시 모인다
귀 기울이면 하모니에 젖어들고 마음은 치유로 향하고 행복하다
가까이하면 다가오는 자연의 이치요 일상을 풀어 마음을 녹이는 관음觀音이다

감정에 떨어지는 울퉁불퉁한 소리 귓가를 두드리는 지긋지긋한 소리 풀잎 건드리는 바람소리 맑

은 빗소리 모두 내가 조절하는 볼륨이다 창밖 빗소리로 감정을 씻으면 진정 마음의 안식도 함께하는 법

하늘은 어둡지도 밝지도 않은 모시 빛이다 저게 본래의 색일까 푸른빛이 본래의 색일까 굳이 구분해야 하는가
흙에서 위로 보면 그 곳이 하늘이요 하늘에서 내려다보면 그 곳도 하늘이거늘 우리가 동경하는 하늘은 삼라만상의 공간이 아닌가

풀잎 나뭇잎에 떨어지는 빗소리로 다시 돌아가자
본디는 없고 무엇을 몰고 나타나는 그 무엇에 나를 맡기기 쉬운 세상이다 가끔은 멈추어 눈앞에 나타나는 현상에 만족할 줄도 알아야 하겠지

한참이 훌쩍 지나갔네 소소함의 소중을 일깨우는

시간이다
창을 열고 큰 대大자로 누워 귀만 열었는데 빗소리가 부르는 바람의 속삭임이 너무 좋다 하나가 좋으면 다가오는 하나도 좋구나
빗소리가 계속 들렸으면 좋겠다 빗소리 듣는 나를 방해하는 것이 없으면 좋겠다
가끔은 게으름에서 배어 나오는 느릿느릿에서 오는 즐거움도 있다 나를 두드리는 빗소리에 온 몸이 시원하다

국화 향기

호랑나비가 보라국화꽃에 날개 짓하고
보라불꽃은 나비를 유혹하고 대지에 향기를 뿌리네

와! 국화가 예쁘다! 생명의 에너지를 발산하는 감탄사가 저절로 솟아오르고
한마디 시적 감정으로 다가온 평화로운 여행은 또 다른 자연을 눈동자에 담는다

천지에 깔린 게 시어詩語요 감탄사를 부르는 향기일진대
보지 못하고 음미하지 못하는 무감각이 너무 많았네

행복과 불행의 중간이 덤덤한 마음인가
덤덤은 불꽃이나 향기를 만들지 못한다

너의 날개 짓으로 사방에 퍼지는 향기 그 곳은 행
복의 시작이다

하늘만 쳐다보는 어리석음이여!
작은 몸짓으로 큰 평안을 보라

장례의식

만물은 돌고 돌아 알 수 없는 세월에 다른 무엇이 되겠지
비가 내리면 어제와 다르게 변하는 초목의 성장에 눈길이 따라가지 못하다
키우는 나무가 너무 크게 자라면 세속과 공존하기 어렵다 큰 가지는 전지 당하고 성장이 느린 가지는 살아 남는다

자른 가지들이 차지하는 자리가 넓어지면 난감하다 땔감으로 이용할 장치가 없어 고육지책으로 장례를 치러야하다 화장이 아닌 나목절단장례裸木切斷葬禮로 명명하다
큰 가지는 적당한 길이로 작은 가지는 잘게 잘라서 흙에 되돌려 보내는 의식이다
처음에는 무심히 소일거리였는데 다시 초목이 되는 상상으로 진지함이 생겼다

가지들이 볼썽으로 말라 뒹구는 모습이 없어졌다
이 행위를 통해 만물의 윤회를 짐작하다
소일거리라고 대충할 일이 아니다 인생 어디쯤에
머무는지 알 수 없는 나를 돌아보는 천천한 의식
이 되었다

잡초

땅 위로 나대지 않아야 잡초다
흙 아래로 실개천처럼 뻗어가는 뿌리로
세상이치를 깨달아가며
계절 따라 가늘고 길게 사는 이치를 알고 있다

씨앗들은 홀로 날지 않고 끼리끼리 어울리며
바람을 안고 멀리 가는 이치도 알고 있다

뽑으려고 건드리면 연약한 척하면서
한두 줄기 슬쩍 땅에 묻히는 지혜는
위대한 자연의 섭리요
영원성을 터득한 보살이다

제2부

사명으로 걷는

사명으로 걷는

도로변 장년남자 한 걸음이 한나절이다
지팡이도 없이 발목에 버티는 의지 하나로 흔들
리는 세상을 멈춘다
닳아 헤진 슬리퍼 끈이 생명줄보다 더 길다
아! 죽을힘 다하여 곧추 버티려는 저 끈기 경이롭다

두 발로 디딜 수 있는가 그것은 축복이다
걸음걸음으로 만드는 발자국 해냈다는 희열은 아
파야 느끼는 깊은 맛이다

하늘땅 뭇 생명에게 사명은 필연인데 쉽게 포기
하고 걸음을 멈추는 자 얼마나 많은가

휘청이는가 힘드는가 걸어라 걸어라
힘줄 부여잡고 발자취를 이어가라
왜 머리나 감정이 성급히 앞서려 하는가
갈 길은 본디 본분에게 맡기고 차근히 사명을 다
하여라 한 걸음 한 걸음으로

선상상념船上想念

파도가 부러운 하늘은 구름을 불러 헤엄치고
하늘이 부러운 바다는 바람을 불러 파도구름으로
일렁댄다
두둥실 구름은 구름대로 넘실 파도는 파도대로
먼 산 살피듯 서로를 기웃거린다
제 것이 아무리 좋아도 바깥이 부러운 법이다

망망대해 지평에 피어오르는 햇살은 좌르르 바다
에 뿌려지고
유람선은 하늘과 바다를 춤추게 하여 수평선을
더 멀리 밀어제치며 자신의 영역을 넓혀나간다
덩달아 나의 욕망이 찻잔 속에 조용히 있지 못하고
구름과 파도를 선상船上으로 손짓하며 불러들이니
나는 부러워하는 것이 너무 많은 것 같다

잊었는가 수평선 너머에 수평선이 있고 너머 너
머로 유혹하는 것이 수평선이다 눈앞에 실처럼

그려진 수평선은 환상인가
파도는 물보라 일으키며 하늘에 가야할지 바다에
머무를지 결정해야 한다 파도가 수평선 너머로
사라지면 한 조각 무엇이 되어 남아있겠지

구름과 파도와 나의 욕망은 점点 하나에서 시작되
었다 구름이 되든 파도가 되든 나로 살든 가타부
타 따져봐야 티끌에 허울만 더하는 것인데
비워야 하는 마음이 잠시 수평선 뒤로 숨어버렸네

초록낙엽

초여름에 초록색 낙엽이 날아왔다 공공교통카드다
나잇값이니 따지고 보면 내가 나에게 발급한 카드다
감사히 받았지만 온 몸은 늙도록 쌓인 먼지로 씻을 일뿐이다

인생 그거 몸을 훑으며 훅 지나가는 바람인데
못 견뎌 이리저리 비틀거리며 예순다섯 번이나
돌아 어지러워 눈을 뜨지 못하고 갈지之자 걸음에
허리 세우니 검은머리가 하얗게 되었다

빠르게 사라지는 장면들은 미련을 남기고 미완성
추억뿐 애써 연륜이라 포장하다

뒤돌아보는 순간들은 바위처럼 무거워
들어도 내려도 힘이 드는데 안으려고 버티다가
목에 선 핏대는 숙제로 남았다

희미한 눈에 담겨오는 뿌연 흙먼지 속에 얼굴 없는 목석이 서 있다
너는 누구냐 큰소리 내어 불러본다
허나 미세한 바람에 서서히 밀려가면서 대답 없이 손사래치고 있다

애타게 불러본다 너는 누구냐

운명으로 걷는다

민속품가게 한켠에 둔 멍에에
큰 눈망울이 오버랩 되며
축축하다 땀인가 눈물인가

짓누르는 멍에를 재촉하는 콧김에
지쳐 힘들면 코뚜레가 길을 만들고
큰 덩치 터벅대며 생업을 이끌었지

북소리는 소가죽이 좋다하던가
축 처진 목 줄기에 떨치지 못한
한을 담아 너머너머 십리를 간다

편하도록 살맛나는 세상이 왔다
이제 일하지 않아도 끼니가 좋다
경운기가 고맙다

놀고먹는 강아지는 이름만 있지만
한우는 등심 안심 갈비살 부채살
별명부자로 넘사벽 후광이 생겼다

종일 여물로 반추하고 눈 껌뻑이며
등어리 파리 쫓는 꼬리만 활기차다
웃픈 현실 웃어야 하나 울어야 하나

어슬렁일 때마다 북소리가 들리네
둥둥 힘이 없다 세월 낚는 소리다

애벌레의 꿈

애벌레 꿈틀거림을 날개 짓이라 꿈꾸면
꿈이 가상에 있는 현실을 꿈틀거리게 한다
꿈은 가면극으로 흥을 돋우고 희망을 이끈다
지치지 않는 꿈의 추임새는 끝은 없다

애벌레가 나비되려고 어둠에서 빛이 되는 주문으로
꿈은 점점 현실이 되고

애벌레가 나비되어 애벌레 모른다하며
나비만 떠올리는 어리석음이여!
소싯적 나비는 애벌레였다

허무맹랑한 어림이라면 그것은 몽상이다
몽상에 갇힌 자여! 차라리 현실로 나아가라

가상이 현실 되고 현실은 가상이었다
꿈을 펼치는 자여 미래를 꿈꾸어라

가상과 현실을 넘나드는 상상의 자유가
애벌레로 나비를 꿈꾼다 어디에서든지

응급실 풍경

이방인처럼 다뤘던 육체에 통증이 야금야금 자리하다
주인이 주인 행세 않으니 당연히 터 잡았겠지
돌이켜보니 불쑥 찾아오는 나그네로 여겼었다

만원사례 응급실 풍경
침대다리가 몸부림에 삐걱거리고
생명줄이 코에 붙어 가늘고 질기게 이어진 숨결이 희미하다
사랑하는 사람은 애간장에 링거의 방울방울이 염주 되어 간절히 두 손 모은다
병상마다 신을 찾는 소리는 신음과 의사의 발자국 거리 만큼이다

악악거리는 고통에 떠밀려 예전으로 거슬러 반추하니 멀리 있던 시절이 되돌아와 머리에 맴돈다
그립다

편하면 시간은 멈춰버리지 오늘 무엇을 하였는지
기억이 가물거렸지 편한 세월이 그립다

하지만 받아들여라
머무는 아픔도 잠시 비켜가고 지나고 나면 축복
이 되리라
파편처럼 흩어지는 시간 속에 고통은 사랑의 신
호를 손짓하고 있네
아! 고통 속에도 미처 못 본 축복이 흩어진 퍼즐
조각처럼 너무나 많구나

꼿꼿이 걸어라

한 걸음 걸을 잔심殘心이 있다면 꼿꼿이 걸어라
한 발자국 디디면 되는 것이지 더 욕심내지 마라
무엇을 보태는 것은 배경일 뿐이다

장미는 시들면 자연대로 받아들일지언정 줄기를 굽히며 추태로 이어가려 하지 않는다

갈등 고갈 충돌 욕심 간섭은 쓸데없는 걸음을 만드는 것일 뿐
내려다보고 살며 그 곳에서 보이는 만물과 친숙하자
위로 보는 먼 것들은 그 무엇이든 맹신이 되어 너를 비틀거리게 하리라

높은 산이 친숙한 존재인가 쳐다보는 존재인가
너는 꼿꼿이 걷는가 무엇을 따라가며 걷는가

모두가 충돌 없이 따로 존재하며 무엇을 향하지만
그래도 전경全景과 배경背景은 엄연히 구별되고 있다

홍시

홍시가 터졌다 까마귀가 먹다 만 홍시에서
홍시 냄새가 나네
터지고 추락하여야 제 맛이 날 때도 있구나

자연에서 교감으로 동화하는 에너지는 뭇 생명들
에 존재하는 신비요
가만히 들여다보고 있을 때 일어나는 기쁨이다
생명들이 서로 인정하여 마음이 열릴 때 그 곳은
명상이 있는 안식처가 되고

자연은 예외 없이 모든 것을 포용하거늘
결국 많은 번민은 덜 익은 내가 만든 것이지

천천히 기다려라 그게 진정 일체가 되는 길이다
시련이 우려내는 맛은 천천히 익어내는 에너지다
천천한 마음으로 보는 것이 더 진하고 활기차네

어떤 시절

철이 들었나 늘그막인가
상한가로 치솟는 트로트에 눈물 훔치고
드라마로 스미는 감정에 가슴이 찡하다

어떤 시절 어느 청춘은
뱃속에 헛바람 잔뜩 넣어 뜨거운 눈물 삼키고
머리는 냉랭하게 찬바람 일으키는 감정조절이
영역을 만드는 생존법인 줄 알았는데

한 시절에는 그런 세상이 있었고
그런 터전에서 당연시하였지
눈물은 억누르고 기쁨은 아닌 척하며
감정은 참아야 하는 그런 시절이 있었지

삶으로 얻은 희로애락
기쁘면 기뻐하라
화나면 화를 내어라
슬프면 슬퍼하라
즐거우면 즐거워하라

어설픈 행복

행복!
많이도 들었다 많이도 읊었네
마음에 있다한다 실체가 없다하네
눈앞에 아른댄다 신기루같이

산봉우리마다 행복인데
겨울밤 먹이 찾는 고라니
어설피 오르락내리락하네

수없이 넘었다 행복봉우리를
수없이 지나쳤다 행복인데도

땅만 보고 걸었네
봇짐은 무거워지고
언덕 위 무수한 노오란 민들레를
첩첩산중에서 찾는 꼴이네

내려놓아라 그냥 두어라
밟고 있는 흙은 모두 같은 흙
발자국마다 모두 같은 흙

서 있는 곳에 마음 두어라

희망

희망은 나를 품고
나는 희망을 꿈꾼다

희망이 어디에 있느냐
개나리* 울타리 안에서 참새들이 수군거린다

우리가 일상을 힘들게 하여도
꽃피면 꿈길이요 비가 오면 추억이라

희망은 나를 품고
나는 희망을 꿈꾼다

* 개나리 꽃말 : 희망

한 집 식구

늦은 밤 진돗개 돗순이를 불러도 풀숲에 웅크려 있다
가까이하니 고슴도치 앞에서 무슨 궁리하는지 설마 해코지하랴
아뿔싸 고슴도치 다리가 껍질 벗겨진 뱀처럼 살갗이 발갛다
황급히 고이 응급처치하고 구덩이 파서 임시거처를 마련하였다

엑스선 검사결과 뒷다리 절단해야 된다니 그야말로 처참하다
엉덩이뼈도 여러 조각 나 스스로 살아가기 힘들단다
탈진상태라 영양제 항생제 진통제로 치료하다
스스로 먹어야 하거늘 주사기로 먹이는 물에 입 다물고 애처롭다

치료 덕인가 곰지락하니 희미한 희망이 보이다
상처봉합과 다리절단은 마취로 힘든 몸이 회복되어야 가능하단다

내일 날짜로 치료예약하고 오는 도중 자는 줄 알았던 고슴도치는 입을 벌리고 꼼짝 않고 건들면 건드리는 대로다
수분보충 거부하며 그렇게 다물던 입이 다물 줄 모르며 야속하게 하늘나라로 가버렸다

좋아하는 흙 어딘가 평안한 안식처를 그리워했겠지
아내와 돌산에 터를 잡고 정성껏 묻어 주었다
순간의 인연이지만 너는 소중하였다 오래 기억하리라

항생제 진통제 영양제가 얼마나 싫었을까

평생 맡아보지 못한 이상한 냄새라
흙냄새 풀냄새 자연으로 가고 싶었겠지
차라리 그냥 산에서 생을 마치도록 할 것을
세속을 맛보게 하다니

슬픈 풍경

한 뼘 철망에 쪼그려 붙은 시한부 생명들

야만에 빼앗긴 청각 초점 잃은 동공으로
짙은 공포에 떨며 생산도구로 전락되고

웅크린 등어리가 바닥에 머리를 누르고
맥없이 두른 꼬리는 엉덩이에 감추었다

한때 잠시나마 애완견으로 행복도 있었겠지

악조건에도 열 일하는 동물구조대 덕분에
다행히 구출됐으나 구석에서 꿈쩍 않는다
밖으로 안내하여도 철망에서 나온 적 없어
해방 문이 두려워 마음을 꽁꽁 닫고 있다

삼라만상 중에 품질이 들쑥날쑥 저질은
인간이 아닌가 학대를 달고 사는 인간들

사랑이 녹이는 경계境界

누군가 나에게 무조건적 사랑을 주는 것은 좋다
누군가 나를 기다려주는 것은 좋다 비록 개일지
라도
아니 비록이라는 말은 미안하다 벌 받을 말이다
동물에 무지한 나는 그냥 개밥 주는 남자이었지만
조건 없는 사랑을 베푸는 천금이가 애완하는 사
람으로 변화시켰다

천금이가 폐에 물이 차고 염증수치로 위태하여
입원하다
오늘내일하는 판정에 결국 산소 방을 비워주고
그리웠던 얼굴을 반기며 힘없이 웃는다

마지막 채비로 목을 치켜들고 밤새도록 가쁜 호
흡에 숨소리만 카랑카랑하다
힘이 없어 뒷다리는 풀어지고 앞발로 버티며 기
도氣道가 막힐까 목 받침대를 받치고 있다

한밤중에 갑자기 생기롭게 고개를 들고서 계속 나를 쳐다본다
흘릴 눈물도 말랐나 마른 눈으로 한참이나 눈 맞추다 생의 끝을 예감하는 눈빛이다
사방을 쭉 둘러 살피며 추억을 담고 숨을 거두었다 아! 마지막 용을 썼구나

최고 960도 열기로 폐부종과 몸의 염증을 모두 치료하고 연기가 되다
삼라만상 만물은 먼지보다 작은 존재로 흩어지고 다시 뭔가로 생성되는데 미련을 떨치지 못하는 이 마음은 무엇일까
작고 연약한 녀석이 큰 사랑 큰 감동을 남기고 가는구나
내가 사랑하는 방법보다 너의 무한사랑의 가치가 더 높다 미안하다 여기까지가 나의 한계다 너는

결코 사랑의 한계가 없었다

이별을 엮는 천금이의 눈빛에서 사람을 보았다
천금아! 너에게는 동물과 인간의 경계가 없구나

마음이 경계선 밖에

마음이 경계선 밖에 있는가 경계선 안에 있는가

복숭아 열매가 풍요롭다
과수원주인의 눈이 충혈 되어
울타리 밖으로 두리번거린다

의심에 찌든 마음이 새들에게 꽂히며
흐뭇함이 날아갈까 복숭아를 품으려고 안달이다

주인의 마음이 울타리 밖으로 나갔다
새가 되어 스스로 주변인물이 되었네

울타리 밖에서는 안이 궁금하고
울타리 안에서는 밖이 궁금하다
경계선을 넓혀 새들과 어울리면 마음이 평안할 텐데

제3부

은빛 물고기를 꿈꾸며

잉태

하늘을 쳐다보라 너는 먼지인 것을
흙을 바라보라 너는 새싹인 것을

바람에 밀려 멈추지 못하면 너는 먼지
자연대로 자연스러우면 너는 새싹

네가 누구인지 모르면 너는 먼지
네가 누구인지 안다면 너는 새싹이 되어
어떤 무엇이라도 될 수 있다

먼지는 먼지대로 새싹은 새싹대로 출발의 시작이지만
지나온 길을 뒤돌아 시작점을 반추하여 보라
너는 새싹인가 먼지인가
무엇을 위하여 어떻게 가고 있는가

오금이 저리는

오금 저리는 어떤 친목 분위기
자리 털고 일어나고 싶다

주제가 바뀌지 않아 공감이 없는 끝없는 잡담
시시비비 핏대 세우며 고함을 유인하는 애매함
지나친 궁금증이 참견으로 변하는 호기심

또 만나도 반복되는 이야기로
잡담 애매함 호기심의 터전일 텐데
홀로 불안할까 헛걱정에 오금이 저려도 찾는가
비록 일상의 흔한 대화일지라도 좀 그렇다

* 하이데거는 인간의 불안과 일상에서의 잡담(빈말) · 애매함 · 호기심이 관련이 있다고 함.

처음이 있어 끝이

어떤 무엇이든지 처음이 있어 끝이 있다
태초에 시작이 있어 우리는 만났다

수많은 점들의 인연 없이 오로지 끝점으로 모든
것을 얻으려 하는가
삼라만상은 인과의 연결로 존재하지 않는가

시작과 끝점 가운데 어중이로 있는 너는 무엇인가

초심으로 돌아보라 출발점을
멀리 향하여 보라 끝점을
인연을 위하여 연결을 위하여 행동하라
네가 서 있는 자리 아름답지 않은가

비움

마음에 절집寺을 지어라
오면 인연이요 가면 담담淡淡이라
오는 마음 살피고 가는 마음 멈추어라
인연은 인연이 결정하도록 그냥 두어라

끈적이는 감정은 흐르는 물처럼 두어라
어디 물이 오고 감을 걱정하며 흘러가던가
세월 따라 굽이 따라 흘러갈 뿐이라

흐르는 세월에 씻기어 빗물로 강물로
바다에 이르지만 바다 또한 한낱 뜬구름일 뿐

애써 엮은 인연들은 봇물처럼 터질 수 있다
곁에 오는 것을 가까이 할 뿐 담으려고 덤비지 마라
인연의 끈은 행불행을 한데 묶지만
행복은 식어버리고 불행은 굳어져 함께 하기 어렵다
흘러가는 대로 두어라

마음에 절 집을 지어라
뒤뜰은 홀로 있게 남겨두고

뿌린 대로

마음에 터 잡은 물렁팥죽부터 걷어내어라

타인은 함부로 너의 강을 건너지 않는다
네가 만든 돌다리에 다가올 때 그 이유를 물었던가

타인은 함부로 너의 땅을 밟지 않는다
한발 한발 울타리에 다가올 때 그 이유를 물었던가

타인이 함부로 너의 영역을 부수고 너의 정신을 파괴하지 않는다 너의 무의식적 허락이 있었기 때문이다

타인의 참견을 피해 다른 곳에서 멋진 삶을 살 수 있는가
너에게 문고리가 없다면 타인의 간섭은 곧 너의 허락이다
너의 경계선이 허술하면 타인의 감정은 조절 없

이 너에게 다가오겠지

지금의 너의 성이 폐허가 되었는가 그래도 다시 시작하라
든든한 문고리 아름다운 창문을 만들어 멀리 내다보며 청객 불청객 따라 환영 거절의 팻말을 걸어라
좋다 나쁘다 옳다 그르다 언어를 배우고 마음 밭 새롭게 일구어라
새로운 마음으로 새로운 씨를 뿌려라 뿌린 대로 거두리라

은빛 물고기를 꿈꾸며

나는 지금 따뜻한 햇살을 듬뿍 받으며 강에서 배영背泳을 즐기고 있다
본래 운세는 쓰레기더미에 압사할 팔잔데
참으로 다행이지만 마음대로 강을 벗어날 수 없는 신세다

나의 이름은 페트병 아무나 무심할 투명한 존재
제대로 잘 살았던가 둘러보니 홀로다
바람이 부는 대로 비를 맞는 대로 정처 없다
넓은 강은 내가 무엇인지 알 수 없도록 강물과 동색同色으로 만들고

관계 배려 편리함에 현혹되어 깊은 강 얕은 강이 있음을 몰랐었다
나와 스티로폼 종이포장지는 떨어지면 멀어지는 어설픈 사이 왜 몰랐던가

강물이 살랑대니 여기가 수중낙원이라
철없이 덩달아 하늘대다가 햇살도 배영背泳도 신물이 나네
아무리 좋은 일도 즐길 때가 있는 법
사방을 둘러보니 강은 넓고 나는 스치는 부초浮草에 바들거리고 있다

위기에도 기회가 반드시 찾아오겠지
햇빛 반짝이는 날 강가의 사람들이 나를 은빛 물고기로 착각하길 바라면서

양면성

하나가 없으면 하나가 외로운 해와 달은 필연이네
같은데 다른 의미일까 다른데 같은 의미일까

밝음과 어둠 밀물과 썰물 남과 여 기쁨과 슬픔 서로 함께 하는 숙명으로 한 면에 있는 다른 한 면이겠지

선행과 악행
잘하고 못하고 의미가 무엇인가
내면에서 대립하는 양면성이 아닌가
선행이 없으면 악행도 없고 악행이 없으면 선행도 없겠지

먼지 같은 속내 풀썩일 때마다 양면성이 뒤바뀌네
가까이하면 양면성에서 헤어 나오지 못하겠지
우주만물도 멀리서 보면 양면성이 또렷하다

신의 축복은 만물을 향하고
만물의 존재는 신을 드러내고

도토리 키 재기

괴로운 일이 있나요
꿈이었노라 웃어버려요
즐거운 일 있나요
덤이라 웃어버려요

웃으며 기지개 켭시다
잠시 지나가면 아무것도 아닌 것을
왜 그렇게 마음에 두나요

힘든 과거는 회상으로 머물다 지나갑니다
행복한 현재도 욕심이 머물면 사라집니다

원망할 일 있나요 꿈이라 생각해요
무엇이 되었나요 꿈이라 생각해요
자고나면 지나가는 꿈이라 생각해요

네가 이기나 내가 이기나 죽자 살자 꾸는 악몽
누가 이긴들 그게 뭣이 잘났나요
하늘 쳐다보고 크게 웃으면 도토리뿐이네

행복은 어디에

슬픔의 순간이 많았던가 기쁨의 순간이 많았던가
행복은 어디에 있나 잠시 왔다 사라지는 미소에
서 행복을 보는가

비가 오면 우울하다 미풍의 파란하늘은 상쾌하다
마음이 기우는 대로 불행하다 행복하다하네
시소 어디에 나비가 앉는가 오르락내리락 행복
불행은 한 마리 나비 날개 짓
짧은 생에서 기쁨의 마디에 슬픔의 마디에 나비
가 잠시 머물다 갈 뿐인 것을

애써 좋은 추억이야 좋은 경험이야 행복을 위한
디딤돌이었노라고
지나간 고통도 현재의 기쁨으로 덮어버리면
고통은 웃음이 되어 그때도 행복했노라 스스로
위로 받는다

좋은 인간으로 살아야지 마음결정으로 항상 좋은
인간으로 살 수 있는가
희로애락의 참견을 왜 모르는가
행복을 위해 살지 말고 지금 이 순간 너 자신을
위해 살아라
스스로 찾으며 지나가는 곳곳에 기쁨의 순간순간
이 널려있다

시간에 묻혀있는 모든 것들을
잠시 왔다가는 희로애락으로 여기며
생의 마디마디를 보는 혜안이 삶의 기쁨이 아닌가

친숙함의 오해

서 있는 자리 친숙하다고 모든 것 안다고 하는가
신세지는 풀 나무 열매 생물들이 얼마나 많은가
그 개별들은 또한 얼마나 많은 생명의 연결체인가
햇빛 달빛 물 공기는 수없이 반복되는 연결체로
서 무엇을 무엇답게 만든다
너도 그 일부로서 만물의 연결체이다

해체 연결 혼합하며 유기적으로 반복되는 순환의
고리들은 신비로 가득하다
멈추지 않는 순환고리에서 알 수 없는 무엇으로
변화하며 더 위대한 연결체에 동참하거늘

지금의 삶을 다시 우주와 연결하여 보자
너의 변화는 만물의 변화요 만물의 변화는 자연
의 변화요 자연의 변화는 우주의 변화요 우주의
변화는 다시 너의 변화다

셀 수 없을 억겁의 세월에 유기적으로 순환되는
우주에서 너의 처음도 끝도 영원하여 무한대이다

신비의 시초를 자신 있게 설명할 수 있는가
네가 할 수 있는 일은 오로지 침묵뿐이다

우주는 배고프다 춥다 덥다 기쁘다 슬프다 무섭
다 감사하다 하는 생명의 감정으로 가득하다 나
머지는 기적의 덤이다

존재만으로도 감사한 자연에 살고 있는데
담배연기 한 모금 같은 찔끔 생각으로
내세의 영역을 풀이하며 높은 곳에 머물 수 있다
없다 하는가
너의 의지와 의지의 결과조차도
위대한 연결체를 만드는 힘 그 무엇 안에서
주어진 역할에서 나올 뿐이거늘

소유의 끝은

원하던 소유에 행복한가
더 멀리 걸어가는 길목에
또 다른 소유가 유혹한다

욕심 집착이 함께하여 지쳐갈 때
결국 소유의 끝은 공허로 바뀌고
스미는 허무에 퇴행이 기다린다

산천초목이 절기 따라 놓아버리듯
우리도 때때로 뒤돌아보며 과감히
어떤 무엇을 내려놓아야 하는데

보이지 않는 욕심이 자신을 당기어
자유로운 마음을 옭아맨다면
순리는 사라지고 구속만 넘칠 뿐

선택과 여유

최고의 행복은 자유로운 선택 즐기는 여유에서
시작되리라

일상에 가득채운 흔한 잡담 상상 변명들
선택하였지만 여유가 있나
스스로 선택하여 풀어내는 마음인가

많은 대화시간에 공간의 어색함을 감추기 위한
빈말 잡담은 없는가

나에게 없는 것 보이지 않는 것을 위해 헛된 상상
은 하지 않는가

일상의 많은 것들에서 엮으며 엮이면서 변명을
만들지 않는가

천천히

천천히 보라
너의 눈앞에 보이는 대상이 전부가 아니다
마음으로 보는 것이 더 진정하다

천천히 들어라
너의 감정은 빠른 강물이 아니다
실핏줄을 타고 천천히 흐르게 하라

천천히 생각하라
너의 생각은 지나가는 바람이 아니다
뉴런 시냅스를 타고 천천히 흐르는 우주다

천천히 말하라
침묵도 표현이다 침묵이 아니면 말에 곡조를 붙여라
조용하고 느리게 말하여 세상이 따라오게 하라

천천히 느껴라
신은 인간에게 천천히 흘러가는 시간을 주었다
아기가 어른이 되어가는 시간처럼 천천히 이어가라

길다면 길고 짧다면 짧은 시공간에 고이 두었다가
천천히 꺼내어라

시작도 끝도 없는

진정 네가 생각하는 너의 인생은 어디서부터 시작했는지 알 수 있는가
끝을 짐작할 수 있는 처음을 모르니까 오늘이 가고 내일이 오듯이
처음을 보내고 새로운 처음을 만들고
그 처음은 출발마다 길 어딘가에서 갈팡질팡이네

그냥 두어라 이 또한 지나가리라
가라앉히며 묻어버린 시간도 너의 인생이었노라

이것이야! 이제부터 시작이야! 그렇게 외친 마디마디가 얼마나 많았던가
아직도 꿈을 내려놓을 일상이 눈앞에서 담담히 속마음을 묻고 있건만 답을 줄 수가 없구나
처음이라 우겨대는 새로운 시작을 멈출 수 있는 자제력이나 끝을 알 수 있는 신통력이 없다

매번 시작하고 매번 끝이라고 되뇌는 것은 시작도 끝도 없다는 것인가

마음의 버튼을

마음의 버튼을 누르세요
켜고 싶으면 켜고 끄고 싶으면 끄세요
나가고 싶으면 나가고 들어가고 싶으면 들어가세요
꺼내고 싶으면 꺼내고 담고 싶으면 담으세요

누구를 기다리는가 누가 무엇을 어떻게 하나요
스스로 마음의 버튼을 누르세요
원하는 무엇이 원하는 대로 찾아오지 않아요

갈팡질팡하며 의지의 버튼을 차단하여
허깨비 같은 형상에 설탕 같은 언어에
올가미 같은 권위에 자신을 가두지 마세요

많은 대기 순번에 자신을 세워놓고
기다리는 척하며 운명의 손길을 바라며
마음의 버튼을 끄지 마세요

불필요한 감정에 휘둘리어 마음을 붙였다 떼었다
하지 마세요
잡음 번민 후회가 오기 전에 원하는 무엇을 위해
스스로 버튼을 누르세요
머뭇거려 놓치기 쉬운 것들과 갈망하는 상상이
현실로 다가옵니다

행복

행복하다 건강하다
하늘이 주신 지혜로운 인생

이 순간이 행복이야 날마다 행복하자
소중하다 지금 여기

욕심이야 많겠지만 후회도 많겠지만
마음을 내려놓고 사는 게
최고의 행복이야
바람 가듯 구름 가듯
웃으며 평화롭게 살아가자

아쉬운 미련을 지운다면
나도 행복 너도 행복
누구나 행복할 수 있는 인생

* 가요 "소풍 같은 인생"을 들으며 2절로 상상해 보았다.

제4부

무한의 약속

무한의 약속

바위가 닳아 한 알 모래가 되고
그 중심부에서 계시를 꺼낸다면
세월 낚는 몇 천 년이 필요할까

바위보다 무한한 우주의 신비를
겨우 몇 천 년 전설로 재단하며
수억 년을 자투리로 내다버리고
신을 알았노라 논리로 포장하네

아서라 그게 뭐 대수더냐
모래알처럼 널려있는 계시
섭리로 연결된 약속이거늘

바위에 걸터앉아 시름 풀고서
하늘을 바라보고 땀을 닦으니
마치 자연을 다 품은 기분이네

망상妄想

기껏해야 개미와 나의 얼굴 거리만큼
나와 초월자의 인연을 짐작하다
고만고만한 그만큼에 점점 어렴풋하다

초월자는 나에게 어떤 감정이 있을까
그것은 나의 마음만큼 내가 주었겠지
칭찬받고 싶어서 용서받고 싶어서
두려움을 피해서 합당성을 위하여

형언할 수 없는 신비로 존재하는 무한대 우주에
한 점보다 작은 세상 속에서
기이한 상상이 만드는 망상도 무한대 우주다

이제 모든 것을 내리고
초월자는 초월자대로 나는 나대로 본분대로 살아
야 하거늘

오늘도 내가 만든 신과 함께 블록 쌓기 놀이를 한다
신에게 선심 쓴 감정의 블록을 하나씩 쌓아 올린다
욕심 · 재산 · 건강 · 출세 · 과시 · 천국… 욕심이
끝이 없다

개미와 나의 얼굴 거리만큼 쌓아올린 블록에
신비롭다 아름답다 스스로 찬미하는 어리석음들

인간에게 영성이

초월자를 찾는 영성에
어떤 무엇이 진짜인지
알 수 없는 것도 있네

생각을 영성에 보태니
찾는 방식은 무한이네

삶에서 최고 목적으로
결과가 선을 향하는가

자기방식만 고집하는가
타인방식을 부정하는가
타인방식도 존중하는가

사람마다 동일 대상을 두고
생각에 보태는 차이가 있고
명칭을 부르는 차이도 있다

생각은 초월자가 준 것

어떤 생각으로 말하든
어떤 명칭으로 부르든
어떤 상상으로 그리든

무엇에 의미를 두려고
영성이 진리를 찾는가

참 이름

유일신唯一神이여! 당신의 참 이름이 궁금합니다
하나님이라 부르는 인연으로 하나님이라 부릅니다
그 인연 아니면 몰랐을까요 다른 이름으로 불렀을까요

하늘 우러러 전능을 감탄합니다 바위에 스치는 비바람이 천년 세월의 신비를 만드는데 분명 신을 부르는 암시도 있습니다
어떤 이름으로든 다가가는 중생들을 그래도 당신은 단번에 반겨주지만
굳이 참 이름을 찾는 소리에는 묵묵하겠지요
누가 어떻게 부르든 당신은 초월자입니다

중생은 신의 참 이름을 모릅니다 신의 전지전능을 바라보며 축복으로 두려움으로 당신을 곁에 둡니다

바람이 불지 않았던 적이 있나요 비가 오지 않았던 적이 있나요 빛이 사라진 적이 있나요 우리 마음이 멈춘 적이 있나요
중생이 만드는 바람이 중생이 만드는 비구름이 중생이 만드는 빛이 결국 신이 있다 없다 흘러가는 주장을 만들겠지요
신이 주신 희로애락으로 신을 해석하는 어리석음이
곳곳에서 형형색색의 이름으로 당신을 부릅니다

초월자여! 당신은 신비를 찾아 헤매는 헛발질에 질책보다 미소를 주겠지요
단 한 번이라도 하늘 바라보며 신을 부르는 사람이 많습니다
이름을 몰라서 다르게 부르면 왜 인간이 인간을 정죄할까요

막연히 신을 해석하며 확신이라 주장하는 인간의
한계를 어찌하오리까

우리는 당신의 참 이름을 모릅니다
어찌 전능한 신에게 명찰을 답니까

과연 신념神念은 1

사람 숫자만큼 많은 믿음의 길

하루는 하늘을 바라보고
하루는 바닥을 바라보며
하늘만 보았다 착각하네

본디의 섭리가 중요한가
중생의 마음이 중요한가

스스로 만드는 단초에
스스로 만드는 결정이
자신을 가두어 버리네

요단강 저편에

참으로 신과 연결된 진실은 무엇인가
신이 여기에 있다 저기에 있다
신이 좋아하는 인생은 이것이다 저것이다
왜 인간이 자꾸 연결고리를 설정하는가

신과 인간 사이에 있는 넓은 요단강
막연히 아른거리는 강 너머 저 편으로
이편의 인간들이 신의 흔적을 찾네
강가에 죽친 자들은 전해 듣는 말로
신을 보았다 하며 기적을 덧붙이고

신이 지팡이로 바위를 내리쳤다 아니다
옷자락을 휘몰아 비바람을 불렀다 아니다
결국 어렴풋이 들은 풍문은 풍문을 낳고
상상이 상징이 되고 상징이 신이 되는가

분명히 강 건너편에 초월자가 있는데
신의 발등에 입 맞출 방법이 무엇인가

요단강이 너무 넓고 바닥이 혼탁하여
강 저편까지 노 저어 갈 사공이 없네

강바닥을 짐작하는가
넓은 강에 깔려있는 거짓선지자들의 시체
무위구복 탐욕 이기심이 부패하는 강바닥을

강바닥을 짐작하는가
고통 불안 절망에서 축복이 간절한 마음을
유혹하는 거짓 진품들이 널려있다는 것을

오만이여! 겸손하라 우리는 자연의 일부다
진정 신을 결정할 능력이 누구에게 있는가
신을 원한다면 강가에서 조용히 묵상하자
신이 무엇을 원하는지 진심으로 묵상하자

무엇을 바라는가
초월자는 초월자대로 너는 너대로 존재하거늘

통도사 와불臥佛

통도사에 칠백 년 세월 간직한 불이문不二門*이 있다
대들보는 코끼리와 호랑이가 버티고
문지방은 세월에 밟히고 닳아 보시 고행 비움의 극치다

문지방은 깊은 산 고목이 하산하여 깎이고 깎이어 가장 낮은 자세로 칠백여 년 묵묵하다
합장으로 간절히 문턱 부비는 중생들의 염원을 담아 와불이 되었나
아니, 수미산 꼭대기 석가모니가 중생들이 연민스러워 하산하였을지도

나 문지방이 말하노라
나를 넘고 가는 너의 신발바닥을 보면 너의 삶을 짐작하노라
나를 넘고 가는 너의 자세를 보면 너의 인생을 짐작하노라

나를 넘고 가는 너의 행보를 보면 너의 고통 고난을 짐작하노라

나 문지방이 말하노라
비워도 채워지는 인생살이 왜 비우지 못하여 안달하며 얽히고설키느냐
너는 나로 말미암아 깨우치고
모든 짐은 욕심과 덤이니 조금이라도 내리고 덜어라

* 불이문은 1305년 창건, 조선중기에 중건되었다고 함. 시인은 최초 불이문이 지금까지 원형으로 보존되었으면 하고 상상하다.

신 훔쳐보기

태초에 인간은 신의 창조다 진화다 사라지지 않는 시빗거리
수억 년 신비에 겨우 백 년 살기 어려운 인간이
스스로 이렇다 저렇다 주장하네
창조 진화 모두 초월자가 주신 산물産物이거늘
창조가 있기에 진화가 있고 진화가 있기에 창조가 있는데
근원적이고 무한한 초월적 영역에 뜬금으로 시시비비 하네

창조와 진화가 불명不明한 시빗거리로 수백 년 흘러
다시 무엇으로 남을까
초자연 신비로운 초월자에 접근하는 시작은 그 존재와 그 무한을 인정하는 것
신이 만든 자연에서 영성으로 느끼며 삶을 충실하게 만들어라

아무도 모르는 태초의 영역을 아무도 모르는 초월자의 섭리를
창조다 진화다 헤집는 사람들이여!
있는 그대로 존재를 인정하라 감사하라 음미吟味하라

사이비似而非

신의 이름을 부르며 이 땅에서 하늘을 소유하는
욕심을 가진 사람들

사이비가 경전을 코에 걸었다 귀에 걸었다 하다
금빛 찬란한 화술과 편협한 해석의 교리로
신의 이름을 부르며 신을 구속拘束하는구나
경전의 한 획에 신을 묶어 무리를 현혹하고
신의 이름을 부르며 혼돈을 만드는 사이비

진짜 구원자가 내가 왔노라 외치는 어떤 형색에
의심 없이 반응할 수 있을까 인정하기는 영 글렀다

보고 듣고 느끼는 것이 많아도 불신은 자라나겠지
사이비는 망령妄靈을 위하여 정의를 구속하고 의심을 허용 않는다

자기합리화에 빠지게 하는 유혹은 불안 두려움 충동 이끌림을 동반하고 불쏘시개처럼 불길을 만드네

아! 나의 마음속에 불같은 화와 신경질이 범벅인데 영생하는 창조주를 찾는다 사이비다

신의 이름으로

신의 이름을 빌린 십자군이 신의 철갑을 입었다 제 눈의 들보가 들썩이도록 진군나팔에 울리는 찬송으로 성호를 긋는다 신의 이름을 부르며 창과 방패에 광채를 입힌다 다시 성호를 긋는다 그리고 가슴에 신의 이름을 새긴다

자신도 모르게 극과 극의 무리 속으로 휩쓸려간다
신이 주는 갑옷으로 착각하고

옛적부터 미사여구를 입은 영적 무리들이 세상을
움직이는데 전쟁은 어느 쪽에서 유발하는가

신을 이론에 입히어 창으로 방패로 삼는 무리가
세월이 흘러 옳고 그름을 잃은 사람들이 되는구나

논리적 재치로 신과 흥정하여 신앙의 지위를 계승하고 신의 축복이라 자랑하며 스스로 칼과 창

을 든다

평온히 식탁에서 감사 기도하는 마피아 목걸이에 서 십자가를 보는 기분이다 드라마 같은 현실은 과연 무엇인가

바벨탑

경이로워하는 두려워하는 갈망하는 절망하는 시간과 장소에서 설명할 수 없는 그 무엇을 찾아 헤매다
상상으로 유형의 존재를 만들고
유형을 무형이라 포장하고 연결하려는 영성은
설명할 수 없는 그 무엇을 신이라 부르다

나는 왜 안 풀리지 나는 왜 그렇지
설명하기 힘든 무엇이 있을 때
어떤 집단이 전하여 주는 설명할 수 없는 어떤 신에 의지하며
점점 집단이 만든 신화에 영성을 키우기 시작하고

초월자에 대한 저마다의 설명은 확신 따라 차이를 나타내고
차이가 파벌이 되고 여러 신으로 분화分化되는가

집단들 전쟁에 각자의 신을 선봉으로 세우니
사람들의 전쟁이 신들의 전쟁이 되었네

하나의 초월자는 갈래갈래 조각나고
조각들은 어리석음과 오만을 묻혀 높은 바벨탑을
쌓았다

미로

좋아하거나 기대하던 상상들은 더 큰 공간을 만들며 미완성의 물음을 남긴다

여기가 어디야 나는 왜 여기에 있지
나는 어디에 있었지 나는 어디로 가야하지

그런데 나는 누구야 아! 나는 나를 정말 모르겠네
생각 의식 욕심 현실이 나인가 나의 것인가

나는 무엇인가 무엇으로 나라고 하는가
진정한 '나'는 무엇인가
어디서 시초했는지 끝이 어디에 있는지 나는 모른다

생각할수록 배배꼬이고 캄캄하다
함부로 남의 실체를 설명하는 자들은 지가 지를

모르면서 슬며시 타인을 미로로 몰아가며 이 길
이 맞다 저 길이 맞다하네

이래저래 생각되는 것들 그것이 뭔지 궁금하다
지푸라기가 동아줄 되는 기적을 바라며
희미하나마 짐작할 수 있는가 그 끝자락을 조금
씩 당겨보라

살려주세요

풀잎에 떨어지는 장대비소리에 폴짝 멈춘 개구리가
젖은 옷 무거워 불어난 샛강에서 떠내려가는데
불안 두려운 마음에 눈이 더 커지다
아무도 몰라주네 차라리 돌 맞았으면

구복求福의 식탁은 일용할 양식을 달라하고
수양修養의 식탁은 자비 베풀 힘만큼 원하며
풍성히 감사히 먹는다

식탁에서 멀어지면 인간사 곡절曲折뿐인가
이기와 분쟁 자비와 고행의 집단이 되어
끼리끼리 장대비로 불어난 샛강에서 떠내려간다
개구리를 볼 겨를이 없다

개구리는 급물살에 쓸려 가는데
덩치 좋은 집단들은 짱돌 피하려 시선이 강둑을
놓지 못하네

그 무엇이 무엇인가

내리는 비도 바람도 구름도 어떤 무엇에 의해 무엇으로 변한다
무엇으로 변화시키는 어떤 무엇이 없다면 변화도 생명도 존재도 없다 정지한다
정지된 세상에는 너도 없다 나도 없다 무엇도 없다
우리 모두 어떤 무엇에 의해 무엇으로 변해야 한다
그 무엇이 무엇인지 진정 알 수 없으나 순리 따라 변해야 하거늘 예외는 무엇인가

과연 신념神念은 2

말이야 누군들 못할까 이것도 맞고 저것도 맞는가

본디의 존재가 예정했다는 너의 신념은
때마다 일마다 네가 결정하는 마음이 아닌가

아니면 진정으로 네가 결정하는가 타인이 결정하는가

사람 숫자만큼 많은 영성의 길에서
마음이 중요하면 행위가 중요하고
신념神念이 중요하면 초월이 중요하다

너는 너의 의지대로 살아갈 수 있다
네가 결정하는 선악 그것이 맞는가
신이 결정하는 선악 그것이 맞는가
자아도취가 신을 인용하여 스스로 자유롭다하네

너는 꽃이 될 수도 벌레가 될 수도 있다
신이 사랑으로 주신 감정이 명철을 어둡게 만들
어 원시림에서 돌도끼를 사용하는 꼴은 없는가

알 수 없는

어디서 시작했는지 모른다
끝이 어디에 있는지 모른다

희미하게 짐작으로 먼 길을 걷고
끝자락을 조금씩 당겨보고 싶다

이래저래 생각나는 것들 뭔지 궁금하다

가을 바스락거리는 떡갈잎처럼
감정이 사라져 가벼이 굴러가는
몸뚱아리는 무엇을 의미하는가

좋아하고 충족되는 모든 것들은
닳거나 소진되고 멍 때릴 뿐이다

내면에 우리고 우려낸 주체적 존재로
진정한 '나'라는 실존을 만나고 싶다

신 훔쳐보기

나는 감히 초월자의 세계를 동경하거나, 신을 향하여 몰입하지 않습니다. 함부로 내세의 영원을 바라지 않습니다.

나는 나로서 사람답게 살기 원하며, 나로서의 처음과 끝이 궁금할 뿐입니다.

초월자가 베푼 자연과 상상력으로, 그저 느끼고 상상할 뿐입니다.

창조와 질서를 주재하는 초월자는 초월자대로, 존재의 이유를 알고 싶은 나는 나대로.

Ⅰ.

나는 누구인가. 나는 어떻게 살아야 하는가.
점차 나이가 들고 자연 속에서 체험하는 모든 것들에 자연스럽게 동화되는 시간이 많다. 자연의 일부로서 그리고 자연 만물의 상호작용에서 존재의 의미와 어떻게 살아야 하는지를 느끼고 싶다.

자연은 상호 간에 순리, 순응, 무욕, 희생, 인내, 놓아버림, 침묵 등으로 작용한다. 이것을 통해 초월자를 상상하며, '나'에 대한 것과 '나와 초월자'에 대한 어떤 궁금함으로 연결되기도 한다.

사람은 누구나 내면에 영성이 있다고 하지 않는가.
초월자와 나의 감정을 연결하기 위해서는 자연의 생명이나 에너지를 느끼면서 신비에 대한 물음을 가지는 것도 좋다싶다. 즉 개인의 단순한 주관적인 감정보다 오히려 자연을 통한 만물의 변화와 에너지를 통해 느끼는 감정이 더욱 초월자와 가까이 할 수 있는 영성으로 나아가리라싶다.

'나'에 대하여 궁금함을 가지는 여정은 삶에서 오히

려 당연에 가깝고, 굳이 종교적인 테두리에 갇혀 외면할 일이 아니라고 여긴다. 삶에서 궁금한 모든 물음에 대한 나름대로의 해답을 찾아가는 과정에서 진정한 '나'를 찾아가는 길이 있다싶다. 설사 한 개인의 상상으로 인한 여정에 불과할지라도.

Ⅱ.

초월자와 사람을 연결하는 것은 무엇일까.
그것이 궁금한데, 많은 것 중에 자연과 상상력이 포함되지 않을까.
익숙하지 않는 길이지만, 상상력으로 초월자와 연결해 보자.
우리는 피조물로서 초월자에게 감사할 일은 분명하다싶다. 그러나 삼라만상이 시시때때로 변화할 때마다 초월자가 일일이 관여할까.

내가 생각하는 상상은 이렇다. 초월자는 오로지 사람의 언어와 생각으로 표현할 수 없는 근원적인 초미립자만-달리 표현할 방법이 없네- 창조했다싶다. 어떤 종교에서는 근원을 물, 공기, 빛 등으로 설명하는데, 이 또한 적절한 표현이라고 여긴다.
하여튼 초월자는 삼라만상을 일일이 창조하는 것이 아니라, 어떤 신비롭고 자동적이며 유기적인 연결성-불교에서는 윤회라고 하듯이-을 통해 저절로 창조되게 하고, 그 창조물에 대한 질서를 주재하리라 여겨진다. 무한 자동적인 시스템을 통해 오늘도 창조하지 않을까. 그러나 나의 상상력의 한계는 초월자의 신비한 영역 바깥에 머물고 있다.

Ⅲ.

나는 개인적으로 초월자는 확실히 존재한다고 믿는다. 그러나 높은 산을 경계로 사람들의 언어가 달라지듯이, 전언傳言에 따라 하나님이라고 부르기도 하고, 혹은 태어난 지역이나 학습된 환경에 따라 다른 이름으로 부르기도 한다싶다.
그리고 감정이나 영성, 또는 가장 마음에 닿는 상징에 따라 초월자를 규정하거나 달리 부르기도 한다싶다. 내가 초월자와의 연결성을 상상하는 것도 이 범주에서 말하고 있다.
이렇게 상상하는 것을 초월자가 아닌 어떤 사람들이

이렇다 저렇다 말하며 단정할 수 없다싶다.
다만 이런 상상을 통해 초월자에게 더 가까이 다가가길 염원하며, 삶의 행위나 태도가 행복으로 이어지길 바랄 뿐이다.
하여튼 초월자는 존재하는데 무엇이라고 그 이름을 딱히 단정 지어 말할 수 없다싶다. 라마나 마하라쉬가 '신을 이해하려면 신이 되어야 한다.'라고 말한 것이 이해가 된다. 우리가 신이 되기 전에는 신의 뜻을 어떻게 알겠는가. 신화나 계시 혹은 논리적으로 설명할 일이 아니다싶다. 다만 나는 자연에서 신의 뜻을 어렴풋이 짐작할 뿐이다.

Ⅳ.

누구든지 초월자를 구체적으로 알고 자신 있게 설명한다는 것이 가능할까.
초월자에 대하여 설명이 불가능한 근원, 즉 억겁의 앞부분은 뚝 끊고, 겨우 몇 천 년에 해당하는 어느 시점에서 설명한다면, 최초로부터 이어지는 것이 없으니 서로의 주장을 위해 분쟁할 수밖에 없겠지.
아무리 권위 있는 주장을 끌어들여도 그것은 우리가

모르는 미지를 유추한 것이 아닐까.
그것을 설명한다 해도 전설이나 신화에 가깝다싶다. 하기야 모르는 부분도 믿으면 좋을 수 있다, 긍정적인 마인드가 생기고 자신을 풍요롭게 만드니까.

어떤 종교적 이론을 펼치고 논쟁하는 것은 종교지도자들의 주장일 뿐이다. 경전의 어떤 구절에서 감명을 받았거나, 계시 혹은 신비를 체험하였거나, 경험에 의한 자유의지로 주장한다싶다. 이것은 시대에 따라 달라지는 차원 높은 논쟁일 뿐이다.

평범한 사람들도 영성에 따라 초월자에게 접근하는 생각이 있지 않을까. 다만 초기에 어떤 종교나 교리를 만나는 동기는 개인의 환경이나 차이에 따라 다를 것이다. 또한 일상에서 종교적인 감정이나 태도는 개인마다 다르다고 본다.
학자들이나 평범한 사람들이나 모두 존재에 대하여 지니는 근원적인 상상에 대한 영성은 있다고 본다.

초월자에 접근하는 방법에 있어서 이성적으로든지, 감성적으로든지, 계시로든지, 신비로든지, 매개를 통하든지 간에 여러 갈래가 있다싶다. 그렇다면 개인마다의 영성으로 신에게 직접 향하는 방식을 꾸짖을 수 있을까.

종교지도자들이 시대에 따라 변화시키는 종교생활의 흐름이라면 마치 장사를 하다가 내부를 장식하고 신장개업하는 것과 다를 바 있는가. 이 말을 통해 얻는 안목을 말한다면, 신앙의 진로는 영원불변한 것이 아니라, 결국 인간이 신을 직관하여야 하며 나머지는 부수적인 것이 아닐까.

만약 어떤 종교에서 종교학자들의 일치할 수 없는 수많은 주장에 대하여 창조자를 향하는 큰 틀에서 인정하며 공유하거나 시대에 따라 용서가 되는 것이라고 하자. 그렇다면 평범한 사람들이 영성으로 느끼며 궁금증을 해소하기 위해 물음을 찾아가는 마음이나 긍정적인 물음의 활동도 마땅히 이해되어야 한다고 본다.

문학세계대표작가선 996

고통이 익어야

이경우 시집

인쇄 1판 1쇄 2023년 8월 8일
발행 1판 1쇄 2023년 8월 22일

지 은 이 : 이경우
펴 낸 이 : 김천우
펴 낸 곳 : 도서출판 천우
등 록 : 1992. 2. 15. 제1-1307호
주 소 : 서울시 성동구 무학봉28길 6 금용빌딩 2F
전 화 : 02)2298-7661
팩 스 : 02)2298-7665
http://cafe.naver.com/chunwu777
E-mail : cw7661@naver.com

값 15,000원

ISBN 978-89-7954-905-8